Florian Günther

Mehr war nicht drin

74 Gedichte

1. Auflage 2013

© Florian Günther
© dieser Ausgabe: Verlag Peter Engstler,
Oberwaldbehrungen, Am Brunnen 6, D-97645 Ostheim/Rhön
www.engstler-verlag.de

Umschlaggestaltung: Florian Günther
Foto Seite 8: Archiv Günther

Printed in Germany

ISBN 978-3-941126-53-4

Inhalt

Zwei Homos, ein fliegender Händler und ich
mit dem Versuch, mir mal was neues zuzulegen

Er schiebt einen quietschenden
Kinderwagen vor sich her,
mit Krempel und einer alten Hängelampe
oben drauf.

Dran interessiert, Kumpel? brüllt er
durch die offene Tür des
Schuhgeschäfts, in dem ich grade ein paar
weiche, weiße Slipper anprobiere.
Issn prima Teil, ehrlich!

Ich schüttle den Kopf
und deute auf die Slipper. Wenn ich
die nehme, bin ich blank!

Und ihr? ruft er den beiden Homos
an der Ladentheke zu. Braucht ihr vielleicht
was hübsches?

Die beiden winken ab.

Der Mann rotzt kräftig auf den
Gehweg und ist weg.

Während ich zurück in meine
schiefgelatschten Botten
steige und ein Paar Schnürsenkel erwerbe,
um mich nicht unbeliebt zu machen,
sagt der eine Homo zu dem

anderen: Was ein vulgärer, ekelhafter Kerl!

Ich blicke auf. Wie?

Nicht *Sie*! Der Mensch da eben
auf der Straße!

Und ich ertappe mich dabei, wie
ich beim Rausgehen denke:
Tut richtig gut, mal nicht gemeint zu
sein.

Verschüttet, 1945

Sie zogen ihn unter
den Trümmern
seines Hauses hervor.

Er lebte, aber
er war nicht mehr
dasselbe Kind.

Er wuchs auf, wurde
ein Baum von
einem Kerl und brüllte wie
am Spieß.

Alle hatten Angst
vor ihm.

Nur seine Mutter,
ein winziges
Frauchen, konnte
ihn besänftigen.

Wenn sie die
Straße runterkamen,
stoben alle
auseinander.

Die Furcht vor
seiner schieren Größe

fuhr einem in die
Knochen, und erst das Gebrüll …

Als würde er
vom Krieg erzählen.

Was mit Gott

Stell dir vor, du
würdest ihn
treffen. An der Pißrinne
einer räudigen
Kneipe, in irgendeiner
x-beliebigen Stadt.

Was würdest du tun?

Wenn du gut
bist, würdest du
gehen, ohne
ein Wort zu verlieren.

Und wenn du
besser bist als gut,
würdest du
es dir verzeihen.

E-Mails

Sie betreibt einen kleinen
Verlag, und ab und
an schreibt sie mir von all dem Ärger,
den ihr die Autoren machen.

Geht mir genauso,
antworte ich ihr.
Seit ich die Zeitung habe,
ist hier ständig Streß.
Ich hätte ne Baufirma gründen
sollen, mit Maurern komm ich besser
klar.

Dann kommt
die nächste Mail von ihr:

Na, schüttet und prasselt und
trommelt und nieselt und
tröpfelt es in Berlin auch schon den ganzen Tag
so schön, und hast du Nase und Ohren
mal rausgestreckt, dich
am Ende sogar rausgewagt und komplett naßregnen
lassen und gemerkt, für wieviel Klarheit und
Durchblick das sorgt?

Ich lache und
schreibe zurück:

Scheiß auf den Regen!
Was wir brauchen, ist Sonne!
Licht!
Mehr Licht!

Und denke: Kein
Wunder, daß
sie Ärger hat: sie liebt
die falschen Dinge.

Die letzte Flasche

Ich war zu ihm hoch
gefahren;
hatte ihm
einen Besuch auf
dem Friedhof abgestattet,
ein Bier getrunken,
die leere Flasche stehen
gelassen.

Ich weiß,
mein Alter. Du hast
da unten gelegen,
mir zugesehen und dir
gesagt:
Was solls. Der
kann sein
Bier auch alleine
trinken. Konnte er früher
ja auch.

Aber das stimmt
nur zum Teil. Denn allein
trinke ich nur noch,
wenn
ich muß.

Über kurz oder lang

Warum liest
du nie mal
deine
längeren
Gedichte, fragte
sie.

Weil die
kurzen
schneller rum
sind, sagte
er.

Liest du
denn
nicht gern?

Er schüttelte
den Kopf.

Und warum
hast dus
dann getan?

Weil man
mich dafür
bezahlt.

Wenn ich
jetzt sagen
würde:
fick mich.
Was würdest du
dann
antworten?

Nein.

Ehrlich?

Ja.

Warum?

Das gäbe
ein längeres
Gedicht.
Und
die les
ich nicht so
gern.

Bildungsfernsehen

Wie sagte
der blinde Chinese
in Vancouver, der an 364 Tagen im
Jahr Kartons
zusammenfaltet:

Ich hab keine
Augen, keine Zähne, kein
Hirn und kein
Geld.
Ich bin glücklich.

Und da heißt es
immer, im
Fernsehen käme nur
Mist.

Immer dieser Leichtsinn

Als sie ihm erzählte,
irgendwelche
Linkmichel hätten
ihr den Strom
abgedreht, dachte er:
na, so was
kann passieren.

Als sie ihm sagte,
ihre Kinder
wären im Heim, weil
sie ihr grundlos
weggenommen wurden,
dachte er: kommt
vor.

Als sie ihm die
seltene Hautkrankheit
beschrieb,
an der ihr dritter
oder vierter Ehemann
gestorben sei,
begann er
aufzuhorchen.

Und als ihn die
Feuerwehr gerade
noch so aus

seinem brennenden
Hobbykeller
rettete, wußte er:

Er hätte ihr das
von dem Fick mit ihrer
Schwester
nicht erzählen sollen.

Der Unsterbliche

Beethoven lag
schon im Sterben, als die
letzte Weinlieferung
eintraf und
ihm bewußt wurde,
daß er sie nicht mehr genießen
würde können.

Schade, schade, sagte
er. Zu spät!

Das hinzunehmen wie
ein Mann, war
vielleicht
sein größtes Werk.

Besuch in der Geschlossenen

Sie war noch nicht so lange da, aber sie
wirkte eigentlich schon wieder ganz normal,
als sie mich fragte: Hast du was zum
Rauchen mitgebracht?

Der Aufenthaltsraum war leer.
Wir setzten uns, und ich schnippte
ihr meine angefangene Schachtel *Karo* über
den Tisch.
Kannste behalten.

Sie ließ sie in die linke Tasche
ihres Morgenmantels gleiten und beugte
sich zu mir herüber.

Die lassen mich hier nie
mehr raus, Fridolin, nie mehr …

Warum? Wie kommst du darauf?

Ich weiß es. Ich *weiß* es einfach!

Wir schwiegen lange. Aus
einem der hinteren Zimmer drang
ein gellender Schrei. Ich drückte meine
Zigarette aus.

Willst du schon gehen?

Ich muß. Hab noch was
vor. Brauchst du noch irgendwas?

Sie schüttelte den Kopf und
sah weinend aus dem Fenster, während
ich nach einem Pfleger
rief, der mir die Tür aufschloß.

Was war das für ein Schrei?

Neuzugang, grinste er
kaugummikauend. Muß sich erst noch
eingewöhnen …

Die schwere Tür fiel krachend
hinter mir ins Schloß. Ich ging den langen,
fensterlosen Gang hinunter, bis zur
Außentür; trat in die Mittagssonne hinaus
und beobachtete zwei zerzauste alte
Frauen, die in Bademänteln Tauben fütterten,
die gurrend um sie rum scharwenzelten.

Dann trat ein Mann im weißen
Kittel aus dem Haus,
und sie flatterten davon.

Schade eigentlich

An einem der
Sockel im
Deutsch-Russischen Museum
in Berlin-Karlshorst
war ein Kärtchen angebracht:

STALINS PFEIFE

Aber *auf* dem
Sockel
war nichts.

Hätten die
da nicht die Pfeife
irgendeines
Pförtners oder
Ofensetzers hintun
können?

Wen kümmert
schon
die Wahrheit,
wenn er was erzählen
kann?

Monatsende

Frank war pleite,
und dieser Typ erzählte
jetzt schon den
dritten
platten Witz in Folge.

Aber Frank rang
sich auch diesmal wieder
ein Lachen ab,
ohne sich die gähnende
Leere anmerken zu
lassen.

Hastes kapiert?
Der andere gab ihm
einen Klaps
auf die Schulter.

Klar, Mann,
sagte Frank und grinste.
Starker Witz, muß
ich mir
unbedingt merken …

Während sich der
andere ein frisches Bier
bestellte, innehielt
und sagte: Ach, mach uns
ruhig mal zwei.

In Gottes Namen

Ich geh da rein,
stell mich
hinten an, warte 20
Minuten und bin
dran.

Ja, äh … sehn
Sie mal hier, mein
Bescheid. Ich
glaube,
Sie haben mir
zu wenig bewilligt …

Und was
soll ich
jetzt machen?
fragt sie.

Ja, das
wüßte ich auch gern,
sagte ich.

Wir sind
hier
nämlich nicht das
Sozialamt,
wissen Sie!

Klar, sage
ich. Weiß ich.
Sicher.

Und in die
Leistungsabteilung
kann ich
Sie jetzt auch
nicht mehr schicken, da ist
keiner mehr.

So? Ich
werfe einen kurzen
Blick auf die
Uhr. Aber 15 Euro
pro Monat,
ich
meine …

Sie sieht
mich an. Kommen
Sie morgen
wieder, in Gottes
Namen, und winkt den nächsten
ran. – Bis *Morgen*!

Ich geh raus
und über
die Straße. Am

Springerhochhaus
vorbei, zu meinem Fiat
Panda.

Steige ein.
Lasse den Motor
an. Fahre bis
zur nächsten Ampel.

Und bemerke
den blaßgrünen Zettel
unterm
Scheibenwischer.

Mutterliebe

Sie fanden ihn in
einer blauen
Sporttasche vor
der Kreissparkasse.

Ein früher
Radfahrer, auf dem
Weg zur Arbeit,
hörte ihn wimmern und
rief die Polizei.

Einen Tag und
eine Nacht
war er wohl alt.

Ein kleiner Junge,
der es mal besser haben
soll.

Der Totschläger

Er hockt immer auf dem
selben Platz am Ende
des Tresens.
Schlürft seine 16 Eierliköre,
blickt ab und an von seiner Zeitung
auf und schnauzt die anderen
Gäste an:

Guckst n so blöde?
Da vorn spielt die Musik!
Nimm deine Mütze ab!

Oder es geht
mal einer grußlos:

Doswidanja, du Idiot!

Aber wenn du nach
der Sache mit
dem Pfaffen fragst, huscht ein
schmales Lächeln über
sein Gesicht.

Den hab ich platt
gemacht. Im Krieg, in Dresden.
Wir Kinder hatten nix zu
fressen, und
DIESES FETTE
SCHWEIN KLAUT

UNS NOCH DEN
LETZTEN
KANTEN BROT!

Wie hast dus
denn gemacht?

Mit dem
Schürhaken!

Und fiels dir schwer?

Wieso? *Zackzack*,
da wars mit ihm vorbei!

Eintritt frei

Kurz nach zwei. Im
Fernsehen läuft
ein Hong-Kong-Thriller;
schlitzäugige Frauen,
Männer mit
coolen Sonnenbrillen,
jede Menge Blut.

Ich hab das Kissen
im Genick, die Decke bis
zur Nase, alles
schön gemütlich.

Da höre ich sie
wieder schreien und
denke an den
armen Kerl, ders ihr
jetzt schon zum dritten
Mal besorgen muß …

Am nächsten Tag,
so um die Mittagszeit
herum, seh ich sie
unten auf dem Parkplatz.

Er hebt gerade einen
Kasten Bier aus
seinem Kofferraum,

während sie schon
an der Haustür auf ihn
wartet.

Jetzt mach schon
auf, du Arsch,
ich muß aufs Klo!

Der Typ greift sich
den Kasten Bier
und geht in aller Ruhe
auf sie zu.

Du kriegst gleich
was aufs Maul, wenn
du nicht aufhörst
rumzuschreien!

Er schließt ihr
auf, und schon sind
sie im Haus
verschwunden.

Ich mag die zwei.
Solange die
hier wohnen, hab
ich Kulturprogramm
frei Haus.

Ehre wem Ehre gebührt

Seinen Namen habe ich
vergessen. Aber das gute an ihm war,
daß er mich immer allein nach Hause gehen ließ,
anstatt mich persönlich bei meinem Alten
abzuliefern.

Er wußte Bescheid.
Er schlug auch nie, nicht mal mit der
Faust auf den Tisch. Und er
versuchte nie, mir Angst einzujagen,
indem er mich ein paar Stunden
in die Zelle schloß.

Er war ein guter Bulle.
Aufgeschlossen. Einer der wenigen, die auch mal
lachten, ohne sich über jemanden
lustig zu machen.

Ein Mann, der seine Arbeit
tat, aber nie seine Stellung benutzte,
um andere
zu erniedrigen.

Ja, das alles ist jetzt viele
Jahre her ...

Ich weiß nicht, was er heute von mir
denken würde. Junge, hat er

immer gesagt, du hast doch Köpfchen.
Warum strengst du es
nicht mal ein bißchen an?

Und heute, kurz nach meinem 50. Geburtstag,
sitze ich hier, süffle ein wenig
vor mich hin und denke an ihn, wie an
einen alten Freund. – Hey Bulle!
Vielleicht denkst du ja auch noch manchmal
an mich! Ich hab nicht alles vermasselt.
Nur vieles. Aber
deine Schuld ist das nicht.

Stoßseufzer eines heimkehrenden Trinkers, der Stufe um Stufe zu seiner Mansarde erklimmt

Immerhin:
Je höher man
kommt,
um so geringer
wird
die Gefahr,
daß man jemandem
begegnet.

Jeder wie er kann

Das Telefon streikte. Der
Internetanschluß ging
schon die ganze Woche nicht und
Post, die nicht aus Rechnungen bestand,
bekam ich schon
seit Jahren keine mehr.
Deswegen gabs nur noch zwei
Möglichkeiten, meiner Außenwelt
zu zeigen, daß ich
noch nicht gestorben war:
Piste. Oder einfach aus dem
Fenster schreien.

Da ersteres zu
mühsam
schien, entschied ich mich
für letzteres. Ich riß
das Fenster auf und legte
los:

WER VON
EUCH TRAURIGEN
GESTALTEN
HAT DEN MUMM,
SICH MIT MIR ANZULEGEN?!

Keine Reaktion.

WAS HABT IHR DENN
ALLE?! HATS EUCH DIE SPRACHE
VERSCHLAGEN,
ODER HABT IHR BLOSS
SCHISS?!

Jetzt tat sich irgendwas.
Ein Hüsteln oder Räuspern.
Ich lehnte mich
noch etwas weiter raus:

HAT DA JEMAND
WAS GESAGT?!

Ja, du Arschloch,
hörte ich es diesmal klar
und deutlich.
Ich hab gesagt, halts
MAUL, sonst komm ich rauf
und stopf es dir!

Zufrieden setzte
ich mich wieder hin.

Nahm mein
Glas vom Tisch, betrachtete
es mit nie gekannter

Zärtlichkeit, nahm
einen großzügigen Schluck
und lehnte mich
zurück.

Die Alten von morgen

Sie tragen dir den Koffer,
zahlen ihre GEZ-Gebühren, fahren niemals
schwarz. Packen Tüten,
waschen Windschutzscheiben,
sind gut drauf und immer fröhlich.
Beschweren sich nie.
Nehmen alles hin, selbst ihre
Armut.

Denn daß sie
leben dürfen, ist ihr
größtes Glück.

Nachhilfe in Erziehung

Seltsam, der einzige
Mensch der
ihn nicht für einen
schlechten Vater hielt, war
sein Sohn.

Alle anderen
moserten
an ihm herum.

Schäm dich, soviel
zu saufen! Und
rauchen tust du auch wie ein
Schlot. Der Kleine muß
doch ersticken, wenn
er bei dir in der Wohnung ist. Was
sagt *er* eigentlich dazu?

Daß ich das
Fenster öffnen soll.

Und die Schule?
Hilfst du ihm
wenigstens bei den
Hausaufgaben?

Das könnte ich
gar nicht. Der

Kleine ist viel cleverer
als ich.

Und was tust
du *dann* für ihn?

Ich stärke
sein Selbstvertrauen ...

Wodurch?

Nun ja, ich ...
ich rede ihm nicht rein,
in seine Sachen.

Er ist noch ein *Kind*,
Stefan! Und
Kinder brauchen Eltern,
die ihnen auch mal
Grenzen
setzen! Haben deine
Eltern das nicht auch bei
dir gemacht?

Ach Gottchen,
meine Eltern ...
Soll ich den Kleinen vielleicht
genauso vermöbeln,
wie die mich?

Das sagt ja
keiner. Aber ihm
mal zeigen,
wo es langgeht,
wirst du doch wohl
können.

Hm… Tja …
Vielleicht
hast du ja recht.
Und wo steckt dein
Wildfang?

Hockt in ihrem
Zimmer und
schmollt, weils mal wieder
nicht nach
ihrer Nase geht.

Was will
sie denn?

Hach, sie hat
heut ihren
Papa-Tag, aber der
Scheißkerl
schuldet mit noch
Alimente. Und solange
ich die nicht habe,

braucht
der hier gar
nicht anzutanzen.

.

Eberty-Treff

Ich stehe am
Tresen. Die Bedienung
ist neu und
sieht mich fragend
an: Und
was trinkst du?

Da röhrt es
auch schon hinter
mir:

Der säuft *alles*!
Haste seine
Bücher
nicht gelesen ...?!

Und das ist es,
was ich an
diesem Laden mag:

Egal wonach
es einen
dürstet, man
wird immer gut
bedient.

SMS

Sie schickt mir
immer diese
Kurzmitteilungen:

Kommst du zu
mir, oder
wollen wir
uns im … treffen?

Dabei sitz
ich hier so schön
und tippe.

Während es
draußen stürmt
und heult.

Ich starre auf
das Telefon.

Soll ich
ihr antworten?
Ich will ihr keine
unnötigen
Hoffnungen machen …

Einmal schrieb
sie mir: Du

meldest dich nur,
wenn du zuviel getrunken hast.
Aber kaum hast du
dich wieder eingekriegt,
bist du dir
selbst genug.

Da dachte ich,
sie hätte es kapiert.

Iwan

Wir hetzten über die Sturmbahn,
verschwitzt, verweichlicht,
den Helm in die Stirn
gerutscht und schon nach 50
Metern platt und völlig aus
der Puste. Und wir glaubten keinen
Augenblick, daß wir was
auszurichten hatten, wenn es hart
auf hart kam, ohne die
halbverhungerten Russen in ihren
merkwürdig gemauerten
Kasernen rund um Berlin, den
endlosen Schlafräumen mit ihren
schmalen, dreistöckigen Betten,
immer auf der Hut vor
Prügel oder schlimmerem.
Die Jungs hatten wirklich
Schneid. Die hätten jeden überrollt
und noch dabei gesungen, als
machte ihnen der Tod nichts aus.
Und dennoch hatten auch sie
Mütter, die in unbeheizten Zimmern
auf sie warteten, voller Sorge,
Kummer und Mühsal.
Und Väter, die in baufälligen
Fabriken schufteten, damit
uns ihre Söhne den verwöhnten
Hintern retten konnten, wenn
es losgehen würde zwischen

Ost und West, Nord und
Süd, arm und reich, rot und gelb,
blau und grün, an einem
Tag, so wunderschön wie heute.

Es kommt, wie es kommen muß

Ich brauche ein Hemd.
Stopfe die Parkuhr und gehe
da rein.

Überall Menschen,
die sich über Wühltische
beugen, verstopfte
Rolltreppen, hektische Verkäuferinnen,
Schilder mit
der Aufschrift: SSV

Ich dreh mich
um und gehe zurück zu
meinem Wagen.
Schließe die Tür auf, steige
ein, starte den Motor ...

Werde ich auch
eines Tages an Wühltischen
stehen und mich mit
älteren Damen um ein Paar
herabgesetzte
Wintersocken balgen?

Ich fahre los. Setze
den Blinker, biege ab, überhole
einen Streifenwagen und
denke: Wenns hart
auf hart kommt, schon.

Zwei dicke Kumpel

Die Dohle hatte
sich den
Flügel gebrochen,
aber er päppelte sie wieder
auf.

Und heute
kannst du sie feixend
durch den Park
spazieren
sehen; sie auf seiner
linken Schulter,
er in seinen ausgebeulten
Jeans.

2 Frauen sind eine zuviel

Immer redest du von
deiner Tochter,
sagte sie. Mariechen
hier, Mariechen da und
haste nicht gesehen – warum
ziehst du nicht
mir *ihr* zusammen?!

Will sie ja nicht.
Und ihr Freund hat auch
was dagegen.
Deshalb hab ich dich
ja an der Backe.

Ach, so. Wie nett …

Hach, jetzt hör
schon auf zu streiten.

Nur, wenn du *sie*
aus dem Spiel läßt!

Aber sie ist
ja nun mal meine
Kleine – was
soll ich denn machen?!

Wenn ich das
schon *höre*: Meine

Kleine – deine
Kleine ist 28 Jahre alt!

Aber ich seh sie
immer noch
auf meinem Schoß
sitzen. Mit
ihren pinkfarbenen
Strumpfhosen, dem grünen
Röckchen und den
schicken schwarzen
Lackschuhen, die ich ihr
gekauft hatte …

Mir *reichts*! Ich *gehe*!
Dir ist ja nicht zu *helfen*!

Die Tür krachte zu.
Er hörte sie die Treppe
runterstöckeln
und dachte, wahrscheinlich
ist sie morgen
Mittag wieder da.

Aber diesmal
dauerte es länger.

Frühabendlicher Plausch zweier Trunkenbolde
auf einer Parkbank ganz hier in der Nähe

Wenn ich nüchtern bin,
kanns passieren, daß ich wortkarg
werde, weißte, mich in irgendeine Ecke drücke,
mir das Ganze von der Seite
her betrachte …

Das *Ganze?*
Versteh ich nicht.

Na, die Leute
halt. Was sie so tun
und treiben.

Und was
bringt dir das?

Gar nichts. – Aber
die Sehnsucht
nach der nächsten Flasche
ist dann
um so größer.

Kein Pardon

Es war die
vierte oder
fünfte
Lesung in
dieser
Woche, und
die paar
Leute an
den Tischen
schienen
sich auch
nur in
der Tür
geirrt zu
haben, also
schlug ich
ihnen vor:

Ich gebe
jedem von
euch ein
Buch, signiert
und mit
ner kleinen
Zeichnung
versehen,
wenn ihr mir
das hier
heute erspart.

Sie blieben
alle sitzen.
Keiner
rührte sich
vom Fleck,
niemand
machte
Anstalten zu
gehen.

Dann sagte
einer: *Lies!*
Ein anderer
pfiff, und
eine korpu-
lente alte Dame
klatsche
rhythmisch
in die Hände.

Ich schlug
das Buch auf
und fing an.

Fauler Zauber

Seltsam, wie leicht
es einem Frauen machen,
die man
nicht mehr liebt.

Sie rufen zurück,
sprechen dir verwirrende
Dinge auf den
Anrufbeantworter und
laden dich sogar
zum Essen ein.

Ja. Frauen, die
man nicht mehr liebt,
können
verführerisch sein,
wenn sie auf einmal
anfangen, dich
zu verstehen, dir deine
Macken nachzusehen.

Man wird fast
schwach.
Hofft auf das Beste,
wirft alle Zweifel
über Bord.

Und tappt
wieder in die Falle.

Der alte Totengräber

Es war Winter 1981, und wir sahen uns
immer in *Juhnkes Bierbar*, Kopernikus-, Ecke
Warschauer Straße.
Er ging an Krücken, ein
altes Männlein, dünn und hutzlig.

Du machst dir doch immer
Notizen, Junge. Hast du nicht vielleicht n
Buch, das du mir mal leihen kannst?

Was schwebt dir denn so vor?

Kennst du die Brüder Grimm?

Er hauste in einer kleinen feuchten Kammer
in der Parterrewohnung seiner Tochter.
Die Wände waren kahl. Vom Fenster zum
Türrahmen war
eine Wäscheleine gespannt, doch seine langen
grauen Unterhosen trockneten
nicht recht, weil es keinen Ofen gab.
Ich legte ihm das Buch aufs Bett und sah mich um.

Ziemlich frisch hier drin, findest
du nicht? Kann man sich leicht den
Tod holen.

Er kicherte belustigt.
Vor *dem* ist mir nicht bange!

Er schob mich wieder in den Flur,
der warm und hell erleuchtet
war. Im Zimmer seiner Tochter lief der Fernseher.

Ist ihr Zimmer auch so kalt wie deins?

Nicht doch so *laut*!

Wieso? Ist sie da drin?

Er wurde kreidebleich. Um Gottes
willen, Junge! Mach mir
keinen Ärger. Und erzähl bloß keinem, was du
hier gesehen hast!

Bis heute hab ich mich daran gehalten.

Schlechte Zeiten für Genies

Es ist 3 Uhr nachts,
die Geburtsstunde da Vincis, und
ich frage mich, wird so einer
noch mal kommen?

Oder ist er lägst da,
und wir bemerken es nur nicht,
weil er sein Geld
mit türkischen Melonen
verdient, als Taxifahrer oder Hausmeister,
anstatt das Abendmahl zu malen.

Und Michelangelo,
was wäre der?
Frisör? Fernsehkoch?
Arbeitsvermittler?

Nein, wirklich.
Die Zeiten sind nichts
für Genies.

Das meiste
schrumpft, verliert an Glanz,
verkommt zum
Einheitsbrei.

Aber die Leute
wirken glücklicher denn je.

Showtime am *Expresso*

Die Bullen drehten ihr
die Arme nach
hinten und legten ihr Handschellen an.
Während sich der eine von den beiden nach
ihrer Perücke bückte, um
sie hinten in den Streifenwagen
zu werfen, nahm der
andere ihre Personalien auf.

Ihr miesen Typen,
fauchte sie. Tut
bloß nicht so, als ob ihr
mich nicht kennt.

Muß alles seine
Ordnung haben, Moni.
Los, steig ein.

Während sie
einstieg, rutschte ihr
der Rock hoch
und entblößte ihren
Slip.

Was gibt es da
zu gaffen, ihr geilen
Böcke! Noch
nie n nassen Schlüpfer
gesehn?!

Die Bullen
stiegen grinsend ein
und fuhren los.

Während sich ihr
Stecher mit der jüngeren
wieder ins
Lokal verzog.

Prolet und Kellner
auf dem Weg zu einer Lesung

Du siehst aus, sagte
mein Dichterfreund Johannes,
wie ein Prolet, der sich in
Schale geworfen
hat. Und ich dachte: gar kein
schlechtes Kompliment
von einem, der wie
der Ober eines Bahnhofsrestaurants
gekleidet ist.

Einladung zum Totentanz

Wir verstanden
uns sofort,
als sie sagte:

Du kannst
bei mir pennen, Süßa.
Aber erwarte nicht zuviel!

Und wirklich:

Ihre Wohnung
war kaum
größer als ein Sarg.

Ihr Bett war
härter als
ein Grabstein.

Ihre Decke
dünner als ein
Leichentuch.

Und ihr Körper
war so kalt,
daß ich darin erfror.

Eine einfache Rechnung

Neulich gönnte ich
mir mal wieder ein Taxi,
sagte jemand:

Na, du mußt es ja haben.

Dabei hab ichs gar
nicht, ich rechne nur:

Im Taxi habe ich es
mit einem schlechtgelaunten,
rassistisch veranlagten,
auf alle Welt
neidischen, betrügerischen,
aufs Trinkgeld schielenden
Taxifahrer zu tun, im
Nahverkehr mit Tausenden
der gleichen Sorte.
Also was ist billiger?

Ich war nicht so
besonders in der Schule,
und Mathe war schon
gar nicht
mein Ding. Aber
eins habe ich da gelernt:

Wenn du dich mit
einem anlegst,

holst du dir vielleicht
ne Beule. Aber wenn du dich
mit allen anlegst,
machen sie dich kalt.

Nichts für Luschen

Sie ruft zwei-, dreimal
die Woche an.
Fragt mich, wie es geht, was so
läuft.

Dieselbe junge Frau,
der ich früher
mal die Windeln wechselte.

An deren Bett
ich saß, um ihr Geschichten
zu erzählen, bis
sie eingeschlafen war …

Sie lacht.
Beschreibt mir ihren
neuen Freund und
ihre hochfliegenden Pläne, die
Welt zu retten,
oder wenigstens besser, gerechter
und erträglicher zu
machen.

Während ich nur
hoffen kann,
daß sie ein bißchen mehr
drauf hat als ich.

Eine Hand wäscht die andere

Es ist 3 Uhr morgens, und
Carsten, mein Nachbar feiert
wieder irgendwas. Aber
wir haben ein Stillhalteabkommen:
Ich störe mich nicht an seinem Benehmen
und er sich nicht an meinen Fehlern.

Und das hat Vorteile:

Einmal trat er mir im Suff
die Tür ein. Ich ließ das reparieren,
und heute ist
sie sicherer denn je.

Dann hatte ich mal
eine, die hier ständig rumkrakeelte.
Er nahm sie klaglos hin.

Wir grüßen uns immer.
Halten einen kurzen Plausch ab
und verschwinden
hinter unseren Türen.

Ein eingespieltes Team. Und
eine vorbildliche Nachbarschaft.

An die jüngeren

Schreiben ist wie
angeln.
Also such dir einen, der es kann.
Beobachte ihn.
Hab Geduld. Leg dich
auf die Lauer.

Und stör ihn nicht.

Egal, was man schon durchgemacht hat:
vor manchen Weibern hat man trotzdem Schiß

Mein Gesicht war ein
angeschwollener, tiefroter Klumpen.
Aber ich konnte nicht die ganze
Zeit im Bett herumliegen, also stand ich auf,
setzte mich draußen in den Flur
und erschreckte die anderen Patienten.

Hast du *das* gesehen?
hörte ich sie im Vorbeigehen
tuscheln. Du meine Güte,
hoffentlich seh ich nach *meiner* OP nicht
auch so aus …

Ich saß da und streckte
die Beine von mir. Ich fühlte mich
eigentlich recht gut, nur daß
ich meinen Kopf nicht spürte. Auf einmal
stand die Oberschwester neben mir.

Sie sollten eigentlich
im Bett sein, Herr Günther.

Warum? Ich fühl
mich wunderbar hier draußen.

Aber Sie erschrecken
die anderen Patienten!

Dann schicken
Sie *die* doch ins Bett!

Sie sah mich drohend an,
und ihr Gesicht war jetzt so rot
wie meins. Dann
klingelte ein Telefon.
Als ich sie nicht mehr sprechen hörte,
stand ich auf und ging wieder
ins Bett.

Ein Rätsel

Ich muß so vier oder fünf
gewesen sein, und es war Winter und
schon dunkel draußen, als er kam,
sich ins Zimmer meines Vaters setzte und anfing,
das Klavier zu stimmen.

Brauchst
du kein Licht? fragte
ich ihn.

Warum?
sagte
er. Du siehst doch,
ich bin blind.

Der Schäferhund zu
seinen
Füßen sah mich an.
Im Halbdunkel des Zimmers wirkte er
noch furchteinflößender.

Ich lief
hinaus und lauschte
an der Tür.

Bing ... bing ... bongbong ... bingbing ... bong ... bong ... bing ...

Wie war es möglich,
daß der alte Mann die Tasten fand?

Blind!
Im Dunkeln!

Ich hab das
nicht kapiert.

Dörte

Ich fang jetzt an zu studieren, erklärte
sie mir am Telefon.

So? fragte ich. Was denn?

Jura.

Oh.

Ich will auf Nummer sicher gehen,
weißt du. Ich hab doch
dauernd Ärger wegen was, und
ehe ich das Geld irgendwelchen Anwälten in
den Rachen schmeiße, mach
ich mich doch lieber selber schlau.

Klingt ganz plausibel.
Was gibts sonst?

Na ja, ich hab dir doch von diesem Kerl
erzählt, der bei mir eingezogen ist.
Ich hatte noch gar nicht richtig ja gesagt, da hat
er mir schon seine dreckigen
Klamotten vor die Waschmaschine
geknallt.

Wer weiß, vielleicht muß
er dich erst noch kennenlernen …

Nicht zu glauben …
Und sein blöder runder Tisch steht
jetzt auch hier im Zimmer
und versperrt mir alles.

Schmeiß ihn doch raus.

Den Tisch?

Ihn!

Ich weiß nicht … Sag mal,
kann ich nicht zu dir kommen?

Vergiß es, Dörte …

Du hast gesagt, du liebst mich.

In meiner damaligen Verfassung
hätte ich auch zu einem Briefkasten gesagt,
daß ich ihn liebe.

Danke, daß du heute wieder
so charmant bist …

Na, ist doch wahr. Und warum
suchst du dir nicht mal
n vernünftigen Kerl. Was weiß ich, n Klempner
oder Busfahrer oder Bibliothekar.

Es gibt so viele gute Typen, aber du pickst
dir jedesmal den raus, bei dem es oben reinregnet.

Laß mich nach Berlin kommen,
Fridolin. Ich bleib auch nur ne Woche.

Auf gar keinen Fall!

Und wenn ich …

Laß es. Es hat keinen Sinn;
ich bin eh ne Weile weg, ab morgen.

Ach so? Wo kannst du denn schon hinwollen?

Mallorca.

Mallorca? Sie lachte schallend
auf. Was willst *du* denn in Mallorca?

Urlaub machen. Wie ganz normale Leute.

Urlaub? Du spinnst ja!

Ich legte auf. Mallorca war nun
wirklich eine selten dämliche Idee. Aber
mir war so schnell
nichts anderes eingefallen.

Piwitt

Da saß er nun auf dieser Bank
vor dem Hotel, den Kopf auf der Brust,
die Hände ineinander verschränkt.

Ein weiser Alter.
Müde, von all den sinnlosen Kämpfen,
voller Narben und allein.

Fast wirkte es,
als ob er friedlich
schliefe.

Jenseits
des Betriebes.

Nach einer langen
Schlacht.

Stoff ohne Ende

Manch einer verreist, um
Dinge zu erleben, über die er später
schreiben kann. Mir
reicht ein Gang zum Bäcker.

An zahlreichen Tretminen
vorbei. Und der verrückten Rosi:

*Die wollen mir mein
Geld nicht wiedergeben, Fridolin.
Mein Geld! Mein ganzes Geld!*

Wer denn, Rosi?!

Na *die*!

Dann kommt der Bäcker.
Ein paar Bauarbeiter sitzen drin
und schlürfen ihren
Morgenkaffee; die Türkin hinterm
Tresen steht bereit.

Was darfs sein?

Ein Zwiebelbrot mit Speck.
Ne Tüte *Dallmayr Prodomo*,
und das hier.

Ich nehme mir die BILD,

zahle und bemerke
einen Saufkumpan, der quer
durch das Geschäft blökt: Morgen,
Herr SCHRIFTSTELLER!

Alles dreht sich nach mir
um, und ich entwische durch die
Tür, umkurve die Tretminen
und stoße fast mit meinem Hausmeister
zusammen.

Meine Gegensprechanlage
spinnt mal wieder, erkläre ich ihm.
Mal hört man was, mal
nicht, und manchmal ist es nur
ein Knacken.

Er notiert es in sein
Büchlein. Komm nachher
mal vorbei und sehs mir an, sagt er.

Ich weiß vom Hörensagen,
daß er früher mal Seziermeister gewesen
ist. Mit etwas Glück erzählt er mir
davon.

EVP 1,25 M

Ich war jung
und Friedrichshain
war grau.

Nur über den
Geschäften
hier und da gabs etwas Neonlicht.

Und man
verdiente nicht viel,
aber die Regale
waren nie
ganz leer, und man konnte gut
von Tütensuppen
leben; Schrippen gab es
zu nem Sechser, das Bier für 45 Pfennige –
wenn man das Glück hatte, nach 8
noch einen freien Platz
in seinem
Stammlokal zu finden.

Heute ist hier
alles bunt und jung.
Die Alten sind verschwunden,
die Kriegsversehrten
lange tot.

Wohin man
blickt

zufriedene Gesichter
glattgeschliffener
Nullen.

So wie man sich das
wünscht, wenn
man das Sagen hat.

Abschied

Als erstes war ihr Tee
aufgebraucht.
Dann die Müllbeutel
und Silberfolien,
Spülmittel, Düngestäbchen,
Bleistifte, Büroklammern
Gummiringe …

Inzwischen ist
sie 3 Jahre tot. Und es
wäre leichter
gewesen, all das wegzuwerfen.

Aber so habe
ich jeden Tag an sie
gedacht, wenn ich
die Pflanzen goß, Papiere
sortierte oder den
Müll runterbrachte.

Und heute notiere
ich dieses
Gedicht, auf die letzte Seite
ihres Schreibblocks.

Ich werde es abtippen
und irgendwann veröffentlichen.

Und nun ist gut.

Geschenk vom Chef

Sie waren unten am Regale-
zusammenbauen, als der Chef
mal kurz vorbeisah:

Hört mal her, Jungs: Die Palme
in meinem Büro wird
immer größer und nimmt mir das ganze Licht.
Kann die einer von euch beiden
brauchen?

Ich nicht, Chef, sagte Arno.

Ich schon! sagte Mike.
Ich steh nämlich auf Palmen!

Ok. Dann kommt nach
Feierabend hoch und holt sie bei
mir ab.

Der Chef ging weg. Auf dem
Nachhauseweg kamen
sie an einem Sperrmüllcontainer vorbei.
Mike fuhr an die Seite, stopfte die Pflanze da rein,
und stieg wieder in den alten Kombi.

Was soll der Scheiß?
fragte Arno. Ich denke, du stehst
auf Palmen?!

Red keinen Stuß, Mann, sagte Mike.
Ich bin pleite. Und ich wollte das Arschloch
nicht verärgern, bevor ich meine Kohle
in der Tasche hab.

Fata Morgana

Das Fernseher lief,
und er lag nebenan im Bett und
dachte, wo Stimmen
sind, sind
auch Menschen.

Und doch
war er allein.

Nirgends ist man sicher

Die Fäuste in die
Hüften gestemmt stand
sie da.

Sie sind doch der
Schriftsteller von ganz
oben!

Schriftsteller?

Ja. Ich hör
sie immer lachen!

Mich?

Ja! Durch ihre
Tür, wenn ich da
oben wische.

Kann eigentlich
nicht sein. Ich hab seit
Jahren nicht gelacht.

Sie beugt sich über
ihren Eimer; wringt den
Scheuerlappen aus,
kommt wieder
hoch und tippt mir mit

dem nassen Zeigefinger an
die Brust.

Ich weiß, daß
Sie das sind. Ich wette,
Sie lachen über
ihren eigenen Mist!

Quicki mit Folgen

Für Anno

Er nannte sie seinen Getränkeunfall, aber er
liebte sie trotzdem, obwohl er sie nur selten sah.

Ein aufgeweckter kleiner Feger,
schlau und gewitzt und der Alptraum jener,
die sich noch in sie verlieben würden ...

Ist sie nicht bald volljährig, fragte ich ihn, als wir
mal wieder zusammensaßen.

Ja, ja. Nicht mehr lange, und sie
verdient ihr eigenes Geld ...
Sie hat n Studium angefangen. Mit ihrem
Bafög kriegt sie mehr als ich.

Er hockte da. Ich wußte, wie stolz er auf
die Kleine war, und daß er den Job
nur wegen ihr machte; ein Wrack, dem alles wehtat.
Knie, Rücken, Becken – sein ganzes Leben
schmerzte.

Wie lange machst du
das jetzt schon? fragte ich ihn.

Was? Museumswächter?
12 Jahre. Sechs mal die Woche, 8 Stunden.

Und weiß sie, das dus nur für sie tust?

Er zuckte mit den Achseln.
Arbeiten hätt ich eh müssen …

Aber du könntest jetzt n bißchen langsamer
machen, Kumpel. Dir was leichteres suchen …

In *meinem* Alter?! Die denken doch,
das was ich mache, *wär* n leichter Job!

Wie wärs mit noch nem Bier?

Er nickte, und ich ging raus und
holte ihm eins. – Für n unbedachten Fick im
Sportlertreff,
ist sie n kluges Kind.
Und wenn sie jetzt sogar studiert …

Das issn Ding, was? Plötzlich machte er sich grade,
saß da wie ne Eins und strahlte
über beide Ohren. *Mein* Getränkeunfall und
studieren! Wer hätte das gedacht?

Ich, Alter, sagte ich. Ich hätte das gedacht.

Die, die es wissen müssen

Der ist doch tot, der Günther. Raucht
nicht mehr, ist nicht mehr
jeden Tag besoffen, benimmt
sich meistens wie ein ganz normaler Mensch.

Und seine Gedichte sind
auch nicht mehr das, was sie mal waren.

Neulich hab ich
ihn sogar auf einer Party
gesehen …

Und verreist ist er
auch. Ich glaube, es war Rom.
Kannst du dir den Günther
von früher im Petersdom vorstellen?

Vielleicht hat er
Fotos gemacht.

Stimmt. Mit Fotos
hatte er auch mal was. Hat ihm paar schöne
Reisen eingebracht. Aber
den Job hat er genauso hingeschmissen
wie die anderen.

Weil er mal Klasse hatte.
Weil er mal wußte, daß Geld

nicht alles ist. – Was
machst du eigentlich zu Weihnachten?

Wir fliegen runter
zu den Galapagosinseln. Und ihr?

Wir bleiben dieses Jahr zu Hause.
Wir haben doch ein Haus gekauft, und da
wollten die Kinder noch mal
in ihrer gewohnten Umgebung feiern. Aber Silvester
sind wir in Paris.

Einer zuviel

Sie sitzt vor mir,
und man sieht,
wie es in ihrem
jungen hübschen
Schädel rattert.

Du hast doch
bloß Schiß vor
Problemen! sagt
sie schließlich.

Nur wenn sie
mich betreffen,
sage ich. Und
außerdem
glaube ich, ist
es besser wenn
du jetzt gehst.

Ich? sagt sie.
Ich *wohne* hier!

Ich seh mich
um. Sie hat
recht. Aber
darauf kommt
es jetzt auch
nicht mehr an.

Einmal hätte auch gereicht

Für Nikki Sudden

Ich gab eine Lesung anläßlich
meines vierten oder
fünften Buches, und Nikki fragte mich,
ob er was zur Eröffnung spielen
solle.

Ich überlegte nicht lange
und schlug *Dead
Flowers* vor, obwohl ich wußte, wie
viele gute Songs er
selbst geschrieben hatte.

Und als er ein paar Wochen
später aufgefunden
wurde, tot, nach einem
Konzertauftritt in New York, dachte
ich: was sind wir doch für
Arschgeigen, Nikki: Ich wünsche mir
Dead Flowers. Und du spielst es auch noch
zwei Mal.

Eine einzige Enttäuschung

Meine Mutter war
von meinen
Fähigkeiten überzeugt.

Du hast so goldene
Hände, Junge, sagte sie, wenn ich
ihr was zusammenzimmerte, anstrich oder
reparierte. Du könntest so
viel Geld verdienen ...

Meine Gedichte
waren ihr peinlich.

Sie hielt das
für verschwendetes
Talent.

Und hatte Recht.

Stets mit einem Bein im Knast

Ich war achtzehn, und meine Puppe
fünfzehn; sah aber viel jünger aus. Und wir
soffen die ganze Zeit und
sangen und verhohnepipelten die arbeitende
Bevölkerung
an der Straßenbahnhaltestelle gegenüber,
und so tauchten ab und an die Bullen bei mir auf.

Hier solls mal wieder laut
geworden sein ...

Nicht die Bohne, Herr Wachtmeister ...

Hat er Sie angegrapscht, Fräulein?

Wo?

Wo? Wo sichs
nicht schickt, zum Kuckuck!

Nö?

Was nö?

Er *hat* mich nicht begrapscht,
wir haben uns bloß n bißchen unterhalten ...

Und warum sitzt du
dann in deiner Unterwäsche da?

Keine Ahnung.

Na gut. Dann zeig mal deinen Ausweis, Mädchen.

Hab ich nicht bei.

Nicht dabei? Seinen Ausweis hat
man immer dabei zu haben!

Ach, jetzt …

Sie halten die Klappe!
Und du kommst
jetzt mit, mein Fräulein …

Warum?

Damit wir deine Personalien feststellen!

Aber er *hat* mir doch nichts getan!

Darum gehts nicht. Du ziehst
dich jetzt an und kommst mit aufs Revier.

Die Bullen standen da und grienten
breit, während sie
in ihre Kleider stieg. Dann nahmen
sie sie mit. Als sie nach einer Stunde wieder ankam,
sagte sie:

Die wollen dich einbuchten, die Idioten,
weil ich erst 15 bin.

Das sollen die mir erstmal beweisen.

Was?

Das ich was mit dir hab.

Und woher sind
dann meine Knutschflecke?

Na, das wüßte ich
jetzt auch mal gern, mein *Fräulein*!

Wir lachten
noch die halbe Nacht.

Blind

Homer war es,
James Joyce so gut wie,
Eisenstein vorübergehend,
Ray Charles, na,
wißt ihr ja selbst …

Und ich?
Ich laufe den
ganzen
Tag herum
und sehe
nichts
als Scheiße.

Keine Traute

Die Sonne scheint.
Wir sitzen auf
der Bordsteinkante,
trinken Flaschenbier
und sehen
uns die Leute an:

Punks, Touristen,
Junkies,
Dealer, Rocker, Türken,
Penner, Säufer, Liebespaare
aus Hannover ...

Wenn du und
ich zusammenwären,
sagt sie, würden
wir uns
nur zerfleischen.

Na, wär mir
doch egal, sage
ich.

Mir aber nicht,
sagt sie, schwingt
sich aufs Rad
und fährt zu ihrem
langweiligen Mann.

Hrdlicka

Er schlug
die Schreie der
Toten
in den Stein.

Während
andere sie nicht mal
hörten.

Junges Blut

Der junge Vietnamese
hier unten im Laden hat jetzt
eine kleine Freundin.

Sie schlüpft an
mir vorbei
und drückt sich in die
Ecke.

Verstohlene
Blicke fliegen hin
und her.

Man fühlt
sich wie ein Spanner.

Ein einziges
Gedruckse
und Gefeixe.

Mit Mühe
konzentriert er sich
und tippt
3,89 Euro ein.

Ich gebe 4. Ich
will verschwunden
sein, wenn

seine Mutter
sie verscheucht.

Irgendwas ist schiefgegangen

Plötzlich führe ich das Leben
eines Schriftstellers. Ich trete auf.
Bringe die Leute zum
Lachen. Fahre mit der Bahn
in die äußersten Provinzen eines Landes,
das nie meines war.

Der nette, grauhaarige
Herr da hinten in der letzten
Reihe. Der so fröhlich lacht. – Ist das
auch wieder
son verkappter Nazi?

Was will ich hier?

Was wollte ich vor 30 Jahren?

Hier her?

Nein. Eigentlich
wollte ich immer nur eins:

Zu Hause auf
der Couch liegen.
Rauchen.
Links n Bier und rechts ne
Schickse, die mich
liebt.

Sechstagerennen

Lausiges Bier. Die Fotzen
dick geschminkt. Und
da drüben an den eingedeckten Tischen
kannst du die Reichen sehen, wie
sie gelangweilt mit ihren Klunkern spielen,
während die Jungs, von einem
gellenden Pfeifkonzert
vorangepeitscht, über die
Bretter jagen, als wäre der Teufel
hinter ihnen her.

Und ist es nicht wie immer?

Die Reichen
träge, satt, schwerfällig
und arrogant.

Die Strampler
ehrgeizig und gierig
auf Erfolg.

Und außen-
rum der Mob, die
Masse; brüllend, tobend,
lechzend nach Blut.

Solang es
nicht ihr eigenes ist.

Blick voraus

Eines Tages, nachdem
du deinen Macker
rausgeschmissen hast,
wirst du vor meiner
Tür stehen, mit noch
mehr Falten als denen,
über die du dich jetzt
schon beklagst. Aber
ich werde keine Zeit
mehr für dich haben,
weil ich an einer Rede
feile, mein Orgelspiel
verbessere oder Oden
aufs Papier puste, die
selbst Schiller vor
Neid erblassen lassen
würden, während mir
deine Tochter einen
abkaut. Und ich werde
zu dir sagen müssen:
Du hattest deine
Chance. Warum hast
du sie nicht genutzt?

Eine Frage der Zeit

Am schlimmsten
sind die Feiertage. Wenn
sie hier ringsum
ihre Stereoanlagen
aufdrehen:
Techno. Schlager.
Blaskapellen … Ein
Krach, daß man
sich fast schon die Beatles
zurückwünscht;
während diese
Quälgeister zufrieden
in ihren kleinen
Zimmern hocken,
Käsestullen
mampfen und sich
nichts sehnlicher
wünschen, als daß einer
von uns anderen
die Nerven verliert.

Abseits

Während die Jungs sich
gegenseitig auf die Schultern klopften,
lachten und sich dreckige
Witze erzählten, saß ich allein an
meinem Tisch ganz hinten an der Wand.

Ich gehörte nicht dazu. Ich war
zwar täglich da, aber irgend etwas
fehlte mir, was
die anderen besaßen.

Während ich mein
Bier trank, sah ich ihnen zu.

Es waren nette Jungs, so
schien es mir, aus dem
Reichsbahnausbesserungswerk,
NARVA oder irgendeiner
anderen Klitsche,
und sie hatten sogar Frauen.

Während ich allein an
meinem Tisch saß und versuchte
auszusehen, als machte mir
das gar nichts aus.

Zeitvertreib

Wir wohnten im 8. Stock,
und wenn ich keine
Lust hatte herumzustreunen,
liebte ich es, am Fenster zu sitzen,
die Kreuzung da unten
im Auge zu behalten, und
wenn es knallte, zu
schätzen, wie lange der
Krankenwagen brauchen
würde, um die Verletzten
einzusammeln.

Das Krankenhaus war
nicht weit weg,
und so dauerte es selten
länger als 5 Minuten,
bis sie mit Blaulicht um
die Ecke bogen.

Sie zogen die Leute
aus ihren Autowracks,
packten sie auf
eine Trage und jagten
mit Sirenengeheul davon.

Während ich da oben
saß und auf den nächsten
Unfall wartete.

Man lernt nie aus

Kühe, denen man ihr
Kalb wegnimmt,
weinen, sagte sie.

Was hast du gesagt?

Kühe.

Kühe?

Ja, Kühe.
Wenn man ihnen ihr Kalb
nimmt, weinen sie.

Ich hackte eine Zwiebel
klein, warf sie zusammen mit etwas Kümmel
zu den Bratkartoffeln
und stellte
die Flamme hoch.

Kühe, ja?

Ja. sagte sie und deckte
dabei den Tisch.
Kühe weinen. Genau wie du
und ich.

Danke trotzdem, Cody

Für W. C. Maher

Sein Bruder hat ne
Möbelpackerbude in San Francisco.
Und als wir neulich mal
wieder zusammensaßen, sagte er:

Ich besorgt dir n Job bei ihm.
Kommst du mal raus. Siehst was
von der Welt.

Er weiß nicht, wie viele
Schränke
ich geschleppt habe;
Tische, Stühle, Teppiche, Kommoden,
Waschmaschinen …
Als alle in den Westen
wollten, oder nur die Straße
hoch, damits die
Kinder nicht so weit zur Schule
hatten.

Wir waren ständig blank,
mein Freund Ralf
und ich. Hatten nie Geld in der Tasche.
Und das bißchen, was wir mit
den Umzügen
verdienten, landete im *Stierbrunnen*, in der
Linde oder sonstwo.

Hey, Cody:
Nichts gegen San Francisco.
Ist sicher schön da.
Sonne. Lachende Mädchen,
Golden Gate Bridge, blauer Himmel …

Aber inzwischen ist
es dafür wohl zu spät.

Krieg und Frieden

Die Katze lebte noch, aber ihr Bauch
war offen und ihre Därme lagen
dampfend neben ihr im Schnee, während
ihre Hinterpfoten zitterten; sie hatte
eine Nylonschlinge um den Hals.

Wir müssen sie zum Tierarzt bringen …

Ach ja? Dann sag mir aber auch
gleich, wovon wir den bezahlen sollen …

Die Katze hob den Kopf und sah uns an.

Jetzt sieh doch, wie sie guckt.

Ja, ja … Was soll sie auch andres
machen, als zu gucken. – Gib mir mal
die Klamotte.

Was??

Den Backstein da! Jetzt *mach*
schon. Oder willst du, daß sie hier
so liegenbleibt?

Als wir nach Hause kamen,
liefen ihr noch immer Tränen über das
Gesicht.

Jetzt hör schon auf zu flennen …

Laß mich, du Mörder!

Ich ging ins Bad und kotzte, während
sie ihre Sachen in einen alten Plastikbeutel
stopfte, rauslief und die
Tür hinter sich zuknallen ließ.

Der Spanner

Er saß den ganzen
Tag an seiner
Tür und guckte
durch
den Briefschlitz.

Im Hausflur
liefen sie an ihm
vorbei.

Mal in Gruppen,
mal allein.
Manchmal auch mit
ihren Hunden oder Katzen.

Doch endlich
kam auch *sie* die Treppe runter; schloß
ihren Briefkasten auf
und bückte sich nach einem
Briefumschlag
der Fernsehlotterie.

Er nahm den Anblick
mit ins Bett.

Kottbusser Damm

Zwei junge Türken,
tödlich gelangweilt, mit
federndem Gang,
kommen auf mich zu.

Was geht in
denen vor? frage ich
mich und strecke
meinen Bauch noch
etwas weiter raus.
Wollen die mich killen
oder nur anpumpen?

Ich gehe
weiter gradeaus.

Sie schnippen
ihre Kippen weg und
feixen erst im
letzten Augenblick.

Dann gehen
sie links und rechts an
mir vorbei. Und
klatschen sich in meinem
Rücken ab, als
hätten sie gesiegt.

Mein Hausrezept

Manchmal, wenn der Ruf
der Kneipe (und den damit verbundenen
Unannehmlichkeiten) zu laut wird,
pfeife ich mir ein bis
zwei Knollen Knoblauch
ein. Dann will mich keiner mehr
in seiner Nähe haben, und ich
kann ganz beruhigt hier
oben sitzen bleiben;
schreiben, lachen, singen, furzen.

Und mich
am nächsten
Morgen
fühlen,
wie ein Sieger.

Die Tätowierte

Sie hatte vier Jahre
abgesessen, und nun kam sie
zum ersten Mal
hier rein und setzte
sich an meinen Tisch.

Ich hab mich erst gar
nicht reingetraut,
erzählte sie mir. Ihr Kerle
denkt doch immer gleich
sonstwas, wenn eine Frau alleine
in die Kneipe geht …

Sie sah auch aus wie
vier Jahre Knast,
aber das verschwieg ich
ihr – ich sah vielleicht
nicht so schlimm
aus wie sie, aber ich hatte
es genauso nötig.

Die Kneipe schloß,
und sie nahm mich mit zu sich
nach Hause. Es gab kein
Licht, aber der
Gaskocher funktionierte.
Wir aßen einen Teller
Tütensuppe, stiegen ins
Bett und fickten, bis das trübe

Morgenlicht zu uns ins
Zimmer fiel.

Als sie sich aufsetzte,
um mal aufs Klo zu
gehen, sah ich ihre Tätowierung.
Es war ein großes, lieblos
hingehacktes Kreuz.
Und unter diesem Kreuz
stand: Mama. Und neben Mama
stand: vazeih.

In der Warteschlange

Es ist hart, manchmal
zu hart, wenn ein
Freund stirbt, ein Idol oder ein
Familienangehöriger.

Und du wirst unruhig;
denkst an diesen oder jenen
Menschen und
fragst dich: Wird auch
der noch vor dir dran sein,
oder wirst du das
Glück haben, ihn hinter dir zu
lassen?

Und dann bist du wieder
allein. Sitzt in deinem
Zimmer, kaust
nervös auf einem Zahnstocher
herum, trinkst billigen
Fusel und starrst verängstigt in die
Dunkelheit hinaus.

Anhang

Hommage à Heinrich Zille

Weeste, oller Mann.
Wenn ick miede bin und mir
is schwer ums Herz, dann,
dann lesick dir und seh mir
deine Bilder an.

Weeste, oller Mann.
Ick reim nich jern, vielleicht
weil icks nich kann.
Aber manchma, manchma
wenn ick mürbe bin, von allem
wat so is, dann
lesick dir und seh mir deine
Bilder an.

Weeste, oller Mann.
In letzter Zeit, da wird mir
immer öfters flau,
weils scheint, als ob man
doch nüscht machen
kann. Doch abends wenn ick,
wenn ick knülle bin, von allem
wat mir so jeschieht, dann
lesick dir und seh mir deine Bilder
an – und plötzlich wees
ick wieder, daß man uns ne Menge, aber
nich det Lachen wegnehm
kann! Und deshalb liebick dir,
du oller Mann.

Dank

Für die Unterstützung bei der Realisation dieses Buches bedanken wir uns (in alphabetischer Reihenfolge) bei: Gerd Adloff, Denny Aderhold, Eric Ahrens, Michael Arenz, Dennis Bähringer, Inés Bartel, Urs Böke, Gunther Dietrich, Museumsdirektor Dotti, Ehli, Annemone & Max, Ralf Eikermann †, Uwe Enge, Eule, Bernhard Freutel, Ralf Friel, Ralph Gabriel, Anke & Süni Geletey, Regina Glaubitz, Miss Gonzo, Jerk Götterwind, Prof. Günther, Thomas Günther, Daniel H., Pablo Haller, Andreas Hansen, Franziska Hauser, Iven Hausmann & Franziska Hentschel, Andreas Heinze, Henni Hennig, Jörg Herbig, Beate Höckner, Oliver Höckner, Karsten Hoffmann, Anno Höhne, Katja Horn, Sabine Jahn, Amira Neila Jehia, Rex Joswig & Herbst in Peking, Rainer „Hexenhaar" Klomfaß, Susann Klossek, Holger Knaut, Benedikt Maria Kramer, Reinhard Kreßner, Egon Kenner, Roland Köhler, Nora Kuhlike, Herbert Laschet, Hansgert Lambers, Jörg Lehmann, Ekkehard Maaß, William Cody Maher & Signe Maehler, Katrin & Erik Mai, Janine Menzel, Marcus Mohr, Petra Moschinski, M. „Metzger" Müller, Andreas Mutter, Andreas Niedermann, Jenny Oestereich, Stefan Pahlke, Bert und Mareile Papenfuß, Hinrich Peters, Antje Pilgram, Kai Pohl, Christopher Putbrese, Andreas Puhlmann, Reiseprofi & Theaterkasse Berlin, Tom Riebe, Harriet Riedel, Jol Rose, Thomas Scheibner, Frank Schmidt, Petra Schramm, Bodo Schuler, Thomas Schweisthal, Nils Sebastian, Franka Silberstein, Heike Sommerfeld, Desdemona & Torsten Strauß, Bernd und Sylke Steinert, Xenia Trost, Florian Vetsch, Peter Wawerzinek, Joachim Wendel, Klaus Zylla.

Florian Günther im Verlag Peter Engstler

Ausgemistet - Gedichte 1989-2011
336 Seiten, Paperback, ISBN 978-3-941126-19-0
Verlag Peter Engstler

*Danke für die Gedichte von Florian Günther. Ich sag's ja
schon immer: von den Ex-DDRlern kann sich mancher
vormachen lassen, wie es geht.* Carl Weissner

www.engstler-verlag.de

Florian Günther im Songdog Verlag

Taschenbillard, Gedichte
Leicht gekürzte Fassung
60 Seiten, Paperback, ISBN: 978-3-9502890-5-3
Songdog Verlag, Wien

*Florian Günther schreibt mit einer Wucht, als bestünde
noch Hoffnung.* Rolling Stone

www.songdog.at

Florian Günther in der Edition Lükk Nösens

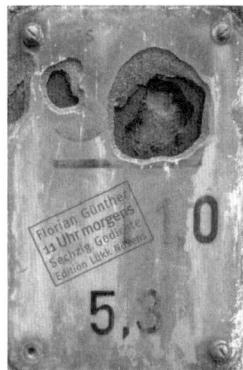 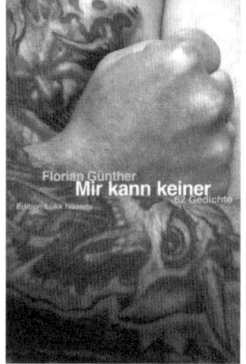

Nuttenfrühstück, Gedichte
Dicker Max & Co., 59 Gedichte
Dusel, Gedichte und Geschichten
11 Uhr morgens, 60 Gedichte
Mir kann keiner, 62 Gedichte

www.edition-luekk-noesens.de

Florian Günther in der Edition Lükk Nösens

**Reisen ohne wegzumüssen
Fotografien 1984-1994**

Mit Interview und Textbeiträgen von:
Marvin Chlada, Thomas Günther, William Cody Maher

304 Seiten, Fadenheftung, Klappbroschur,
Format: 28 x 21 x 2,7 cm,
ISBN 978-3-00-040114-5

www.edition-luekk-noesens.de

Weiter in der Edition Lükk Nösens:

DreckSack - Lesbare Zeitschrift für Literatur
Herausgeber: Florian Günther

20 Seiten, 35 x 25 cm,
ISSN 2195-4410
Erscheint alle drei Monate

Das beste Magazin zur Zeit in ganz Deutschland. Jürgen Ploog
Die beste deutsche Literaturzeitschrift. Franz Dobler

www.edition-luekk-noesens.de